Libro de cocina de la parrilla Ninja Foodi Smart XL para principiantes

Recetas rápidas, fáciles y deliciosas de Ninja Foodi Grill para asar y freír al aire libre

Kentan Graden

Copyright 2021 Kentan Graden - Todos los derechos reservados.

En ningún caso es legal la reproducción, duplicación o transmisión de cualquier parte de este documento por medios electrónicos o en formato impreso. La grabación de esta publicación está estrictamente prohibida, y no se permite el almacenamiento de este material a menos que se cuente con la autorización por escrito del editor. Todos los derechos reservados.

La información proporcionada en este documento se declara veraz y coherente, por lo que cualquier responsabilidad, en relación con la falta de atención o de otro tipo, por cualquier uso o abuso de cualquier política, proceso o instrucciones contenidas en el mismo, es la responsabilidad única y completa del lector receptor. Bajo ninguna circunstancia se podrá responsabilizar o culpar al editor por cualquier reparación, daño o pérdida monetaria debida a la información aquí contenida, ya sea directa o indirectamente.

Los autores respectivos son propietarios de todos los derechos de autor que no están en manos del editor.

Aviso legal:

Este libro está protegido por derechos de autor. Es sólo para uso personal. No puede modificar, distribuir, vender, utilizar, citar o parafrasear ninguna parte del contenido de este libro sin el consentimiento del autor o del propietario del copyright. Se emprenderán acciones legales si se incumple esta norma.

Aviso de exención de responsabilidad:

Tenga en cuenta que la información contenida en este documento tiene únicamente fines educativos y de entretenimiento. Se ha hecho todo lo posible para proporcionar información precisa, actualizada, fiable y completa. No se ofrecen garantías de ningún tipo, ni expresas ni implícitas. Los lectores reconocen que el autor no se dedica a prestar asesoramiento legal, financiero, médico o profesional.

Al leer este documento, el lector acepta que bajo ninguna circunstancia somos responsables de cualquier pérdida, directa o indirecta, que se produzca como resultado del uso de la información contenida en este documento, incluyendo, pero no limitándose a, errores, omisiones o inexactitudes.

Índice de contenidos

Introducción 7
Capítulo 1: Una visión general 8
    ¿Qué es la parrilla Ninja Foodi Smart XL? 8
    ¿Cuáles son sus características y funciones? 8
    Consejos para empezar 9
    Consejos y trucos de cocina 9
    Consejos de cuidado y mantenimiento 11
Capítulo 2: Recetas para el desayuno 13
    Huevo al horno Tater Tot 13
    Tarta de desayuno 14
    Palitos de tostadas francesas 15
    Cazuela de desayuno 16
    Quiche 17
    Burrito de desayuno 18
    Tostada de aguacate 19
    Panqueque de suero de leche 20
    Huevos al horno con queso 21
    Empanadas de salchicha 22
Capítulo 3: Recetas con carne de vacuno 23
    Filete a la parrilla con espárragos 23
    Hamburguesa con queso 24
    Filete a la parrilla y ensalada 25
    Asado de carne 26
    Steak & Potatoes 28
    Costillas de ternera a la barbacoa 29

Albóndigas italianas 30

Carne asada con chimichurri 31

Bistec al ajo con crema de rábano picante 33

Bistec con costra de parmesano 34

Capítulo 4: Recetas con carne de cerdo 35

Filete de cerdo a la parrilla con verduras 35

Chuletas de cerdo fritas y patatas 37

Sándwich de cerdo 39

Lomo de cerdo envuelto en tocino 41

Salchichas y pimientos 42

Jamón glaseado con miel 43

Bratwursts 44

Chuletas de cerdo albaricoque 45

Chuletas de cerdo empanadas 46

Lomo de cerdo 47

Capítulo 5: Recetas de pollo 48

Pollo a la mostaza con miel 48

Pollo frito con rancho picante 49

Pollo a la mostaza con limón 50

Pollo asado a las hierbas 51

Pollo Teriyaki 52

Pollo Cajún 53

Pollo al pimentón 54

Pollo relleno de hierbas y queso crema 55

Pollo con miel y Sriracha 56

Pollo a la barbacoa 57

Capítulo 6: Recetas de pescado y marisco **58**
    Mahi & Salsa 58
    Tacos de camarones 60
    Salmón con limón y eneldo 62
    Pescado a la mostaza con limón 64
    Gambas Bang 65
    Almejas fritas 66
    Tempura de gambas 67
    Gambas al ajo y mantequilla 68
    Filete de pez espada con salsa 69
    Hamburguesa de atún 70

Capítulo 7: Recetas de verduras **72**
    Calabaza glaseada con arce 72
    Pan de verduras 74
    Maíz mexicano 76
    Patatas asadas y espárragos 77
    Coles de Bruselas al limón 78
    Tomates asados al balsámico con hierbas 79
    Calabaza con tomillo y salvia 80
    Zanahorias al ajo 81
    Buñuelos de calabacín 82
    Coliflor de búfalo 83

Capítulo 8: Recetas de aperitivos y tentempiés **84**
    Copas de tacos 84
    Buñuelos de maíz 85
    Pan de ajo 86

- Pepperoni Pizza 87
- Tartas de queso de cabra con tomate 88
- Bocados de mozzarella 89
- Garbanzos picantes 90
- Naan Pizza 91
- Patatas fritas con queso y chile 92
- Redondos de patata al horno 93

Capítulo 9: Recetas de postres 94
- Tarta de manzana 94
- Tarta de manzana 96
- Tarta de mantequilla 97
- Galletas de chocolate 98
- Blondies 99

Capítulo 10: Plan de comidas de 30 días 100
Conclusión 106

Introducción

Las parrillas eléctricas de interior podrían estar fácilmente entre los aparatos favoritos de todos los tiempos. Imagínese decir adiós al alboroto del exterior y llevar la experiencia de asar al sol al interior, no sólo durante el verano, sino durante todo el año.

Estos aparatos de cocina se presentan en dos tipos: la parrilla de contacto y la parrilla abierta. El grill de contacto se parece a una prensa para sándwiches que cocina los alimentos directamente desde dos lados. El grill abierto, por el contrario, es similar a una plancha eléctrica con rebordes.

Las parrillas eléctricas de interior no sólo son populares cuando las condiciones meteorológicas son desfavorables. También son un gran éxito entre quienes viven en apartamentos y condominios con espacio limitado para asar y entretener a un gran grupo de visitantes.

El uso de una parrilla eléctrica de interior también se considera más seguro y saludable, ya que elimina los peligros de asar al aire libre, como el carbón quemado, el humo excesivo y el goteo de grasas.

Dado que la multifuncionalidad es una de las principales tendencias en la mayoría de los aparatos de cocina en los últimos años, las parrillas eléctricas de interior también pueden hacer varias cosas aparte de dar un aspecto, un aroma y un sabor auténticos a la parrilla en los alimentos. La mayoría de las parrillas de interior también funcionan como otra locura de aparato de cocina: una freidora de aire.

Uno de estos versátiles aparatos de cocina es la parrilla Ninja Foodi Smart XL.

Capítulo 1: Una visión general

¿Qué es la parrilla Ninja Foodi Smart XL?

La Ninja Foodi Smart XL Grill es una parrilla sin humo 6 en 1 que puede asar, freír al aire, hornear, asar, asar a la parrilla y deshidratar alimentos. Viene con una cesta crisper de 4 cuartos y una olla de 6 cuartos. La función de freír al aire utiliza hasta un 75% menos de grasa en comparación con la fritura.

Aunque este modelo cocina con la tapa cerrada, sólo un lado de los alimentos está en contacto con el grill, lo que lo convierte en un tipo de grill abierto.

¿Cuáles son sus características y funciones?

La parrilla Ninja Foodi Smart XL cuenta con un sistema de cocción inteligente y una tecnología de parrilla ciclónica de 500 grados para obtener resultados de cocción uniformes.

Olvídese de dudar si la comida está poco o demasiado hecha. Con el Sistema de Cocción Inteligente, basta con pulsar un botón para conseguir que la carne esté desde poco hecha hasta bien hecha, con marcas y sabores a la parrilla. Cuenta con un termómetro inteligente Foodi de doble sensor, cuatro ajustes inteligentes para las proteínas y nueve niveles de cocción.

La parrilla Ninja Foodi Smart XL de 1.760 vatios también cuenta con un sistema de control de humo que mantiene el humo fuera de la cocina. Junto con una zona de aire frío, tiene un escudo contra salpicaduras y una rejilla de regulación de la temperatura.

Perfecto para comidas de tamaño familiar, la capacidad XL de este modelo se traduce en un 50 por ciento más de comida que la versión original del Ninja Foodi Grill. En la rejilla de 9 por 12 pulgadas caben hasta seis filetes, 24 perritos calientes o un plato principal y una guarnición al mismo tiempo.

Consejos para empezar

El uso de las parrillas eléctricas y las freidoras de aire puede ser intimidante si las utiliza por primera vez. No tema, porque hemos reunido algunos consejos que cualquier usuario principiante debería conocer. Siga leyendo y deje que le enseñemos a cocinar a la parrilla y mucho más en poco tiempo.

Prioriza siempre la seguridad y reserva un tiempo para leer primero el manual de usuario que acompaña a la parrilla Ninja Foodie Smart XL.

Puede que las parrillas eléctricas no lo parezcan, pero suelen calentarse durante y después de su uso. Tenga cuidado y utilice herramientas de seguridad como pinzas y guantes de cocina al manipular el aparato y los alimentos.

Coloque la parrilla en una superficie a prueba de calor, dejando al menos 5 pulgadas de espacio en todos los lados para que haya suficiente flujo de aire. Tampoco lo coloque cerca del agua para evitar descargas eléctricas.

Deje que el aparato se precaliente durante unos minutos antes de añadir los alimentos. El precalentamiento permitirá que el grill alcance la temperatura adecuada para que los alimentos se cocinen de manera uniforme y queden bien asados. El precalentamiento también evita que se prolongue el tiempo de cocción y que los alimentos se peguen a la rejilla.

Engrase ligeramente la parrilla y la cesta aunque tengan revestimiento antiadherente. No obstante, evite los aerosoles de cocina, ya que pueden dañar el aparato. Te recomendamos que utilices una botella de spray de cocina normal con el aceite que prefieras.

Consejos y trucos de cocina

El Ninja Foodi Smart XL Grill es prácticamente como un horno de convección. Puedes cocinar casi cualquier cosa en él. Puede utilizar sartenes estándar para hornear con la función de freidora de aire. Desde pasteles y brownies hasta rosquillas y tartas~pero tenga cuidado por si los productos se doran rápidamente.

También puede cocinar huevos duros directamente en la freidora de aire. Se tardaría unos 15 minutos.

Prueba a asar verduras como el brócoli envueltas en papel pergamino. De este modo, las verduras tendrán la misma textura que las cocinadas al vapor, pero con un toque de sabor a brasa.

La freidora de aire también es perfecta para tostar frutos secos. El proceso de cocción continuará hasta después de descargar los frutos secos de la freidora, así que sácalos un poco antes.

Los alimentos congelados también pueden ser cocinados directamente en su Ninja Foodi Smart XL Grill sin necesidad de descongelarlos primero.

Di adiós a las sobras insípidas y empapadas, desde el pollo asado y el salmón hasta la pizza y las verduras. Recaliéntalos en la freidora de aire para que queden más crujientes por segunda vez (o más).

Menos es más cuando se trata de aceite para lograr la perfección crujiente. Si se engrasa demasiado, se obtendrá un resultado empapado en lugar de un sabroso y crujiente cocinado. Los aceites neutros, como el de canola y el vegetal, se consideran los mejores para asar por su alto punto de ahumado. Además, no añaden un sabor indeseado a los alimentos.

Guarde las grasas sobrantes en la sartén para hacer más tarde salsas y salsas de sartén.

A pesar de su tamaño, acostúmbrese a cocinar en tandas con su parrilla Ninja Foodi Smart XL. El hacinamiento de los alimentos tiende a obstruir la circulación de aire caliente en el interior, afectando así a la crujiente y al punto de cocción de los alimentos. Las carnes más grandes, como las chuletas de cerdo, las chuletas de pollo, los filetes, las hamburguesas y los filetes de pescado, deben colocarse en una sola capa y no apilados unos sobre otros.

Agitar la cesta de vez en cuando también ayudará a que todo lo que hay dentro se cocine y se dore de manera uniforme.

Utilice el Termómetro Inteligente Foodi para comprobar el punto de cocción de la carne con precisión. Hacerlo no solo ayuda a evitar la sobrecocción, sino que también garantiza que los alimentos estén lo suficientemente cocinados y sean seguros para comer.

Utilice el aceite para dar peso y pegar los condimentos a los alimentos. La circulación de aire en el interior del aparato puede desprender partículas ligeras, como las especias, durante la cocción. Puede evitarlo mezclando las especias con aceite antes de recubrir los alimentos con ellas.

Cuando cocine con carnes marinadas, déjelas reposar primero en una rejilla de enfriamiento para que escurran el exceso de líquido. A diferencia de las parrillas de exterior, las de interior no drenan tan bien el líquido. Por lo tanto, hacer este paso adicional le ahorrará limpiar los adobos que gotean sobre su mostrador.

Consejos de cuidado y mantenimiento

Con un cuidado adecuado y un mantenimiento regular, su parrilla eléctrica seguramente durará años o incluso toda la vida. Es fundamental limpiar el aparato, no sólo para que funcione a la perfección, sino también por razones de seguridad alimentaria.

Una señal segura de que su parrilla eléctrica necesita una limpieza es cuando empieza a notar que sale humo de la máquina mientras cocina. Esto indica que hay una acumulación de aceite. Pero la limpieza de una parrilla eléctrica es tan sencilla que no tiene que esperar a que el detector de humo se dispare para actuar.

Limpiar la parrilla diariamente o después de cada uso evitará la acumulación de residuos de alimentos en la parrilla. Asegúrese de que el aparato está apagado y desenchufado, y deje que se enfríe durante unos minutos. Sería más fácil limpiar la rejilla cuando aún está un poco caliente, así que tenga cuidado.

La propia máquina, la cesta y el cajón de goteo necesitarán una limpieza a fondo. Las piezas desmontables son aptas para el lavavajillas, pero el aparato en sí no lo es.

La parrilla Ninja Foodi Smart XL viene con un cepillo de limpieza que puede utilizar para deshacerse de los restos de comida y las migas. Nunca utilice artículos de acero de baja calidad para raspar los restos de comida de la superficie de la parrilla.

Un cepillo de parrilla con mango de acero inoxidable sería una buena inversión para mantener limpia su parrilla eléctrica. También puede utilizar una esponja húmeda y un jabón suave para eliminar las manchas difíciles.

Utilice una toalla de papel o un paño de cocina suave para secar la parrilla eléctrica después de la limpieza para evitar una descarga eléctrica.

Una vez que la máquina y todas las piezas desmontables se sequen por completo, puede aplicar un poco de aceite en la parrilla para mantenerla en óptimas condiciones.

Mantenga la tapa bien cerrada cuando el aparato no esté en uso para evitar que se acumulen en la bandeja partículas diminutas como el polvo. La grasa también puede atraer a los insectos.

Para facilitar la limpieza en el futuro, utilice una hoja de papel pergamino o de aluminio para los artículos con recubrimientos pesados. Asegúrese de que los alimentos son lo suficientemente pesados como para que la hoja tenga peso, ya que pueden volar por el aire caliente que circula.

Capítulo 2: Recetas para el desayuno

Huevo al horno Tater Tot

Tiempo de preparación: 10 minutos
Tiempo de cocción: 25 minutos
Porciones: 4

Ingredientes:

- 5 huevos
- ¼ de taza de leche
- Sal y pimienta al gusto
- Spray de cocina
- 2 salchichas, cocidas y cortadas en rodajas
- 1 taza de queso cheddar rallado
- 1 libra de patatas fritas congeladas

Método:

1. Precaliente su unidad pulsando "bake".
2. Ponerlo a 390 grados F durante 3 minutos.
3. En un bol, batir los huevos y la leche.
4. Sazonar con sal y pimienta.
5. Rocíe un molde pequeño para hornear con aceite.
6. Añadir la mezcla de huevos a la sartén.
7. Añade a la unidad.
8. Cocer durante 5 minutos.
9. Colocar las salchichas encima de los huevos.
10. Espolvorear el queso por encima.
11. Presione "bake" (hornear) y prográmelo a 390 grados F.
12. Cocer durante 20 minutos.

Sugerencias para servir: Adornar con cebollas picadas.

Consejos de preparación y cocción: Dejar reposar 2 minutos antes de servir. Prolongar el tiempo de cocción si los huevos no están completamente hechos.

Tarta de desayuno

Tiempo de preparación: 10 minutos
Tiempo de cocción: 14 minutos
Porciones: 4

Ingredientes:

- 4 oz. de queso crema
- 3 cucharadas de azúcar glasé
- ¼ de taza de conservas de arándanos
- 8 oz. de masa de rollo de media luna (refrigerada)
- Spray de cocina

Método:

1. Mezclar el queso crema, el azúcar y las conservas de arándanos en un bol con una batidora de mano.
2. Cortar la masa en 4 porciones.
3. Extienda cada porción hasta aplanarla.
4. Extiende la mezcla de queso crema sobre las porciones de masa.
5. Enrollar la masa y cerrarla.
6. Añade estos a la unidad.
7. Presiona el aire crujiente.
8. Precalentar a 325 grados F durante 3 minutos.
9. Añade los rollos a la unidad.
10. Cocer durante 14 minutos.

Sugerencias para servir: Rocíe con su jarabe favorito.

Consejos de preparación y cocción: Dejar enfriar antes de servir.

Palitos de tostadas francesas

Tiempo de preparación: 10 minutos
Tiempo de cocción: 10 minutos
Porciones: 4

Ingredientes:

- 4 huevos
- ½ taza de leche
- ¼ de taza de azúcar granulado
- ¼ de cucharadita de canela molida
- ¼ de cucharadita de extracto de vainilla
- 6 rebanadas de pan, cortadas en tiras
- Spray de cocina

Método:

1. Batir los huevos y la leche en un bol.
2. Incorporar el azúcar, la canela y la vainilla.
3. Sumergir el pan en la mezcla.
4. Presiona el aire crujiente.
5. Póngalo a 400 grados F.
6. Precalentar durante 10 minutos.
7. Añade las tiras de pan a la unidad.
8. Cocinar de 3 a 5 minutos por lado.

Sugerencias para servir: Servir con jarabe de arce.

Consejos de preparación y cocción: Utilizar pan del día.

Cazuela de desayuno

Tiempo de preparación: 10 minutos
Tiempo de cocción: 10 minutos
Porciones: 6

Ingredientes:

- 4 huevos batidos
- 1 libra de salchicha italiana, cocida y desmenuzada
- 2 cucharadas de crema de leche
- ½ taza de queso cheddar rallado
- 1 taza de tomates picados
- 2 cucharaditas de condimento italiano

Método:

1. Combine los ingredientes en un bol.
2. Pasar a un pequeño molde para hornear.
3. Seleccione el aire crujiente.
4. Cocine a 340 grados F durante 8 a 10 minutos.

Sugerencias para servir: Adornar con perejil picado.

Consejos de preparación y cocción: Prolongar el tiempo de cocción si los huevos no están completamente hechos.

Quiche

Tiempo de preparación: 10 minutos
Tiempo de cocción: 15 minutos
Porciones: 4

Ingredientes:

- 6 huevos
- ¾ de taza de nata líquida
- Sal y pimienta al gusto
- 1 corteza de tarta prefabricada
- 1 taza de queso cheddar rallado

Método:

1. Batir los huevos en un bol.
2. Añada la nata, la sal y la pimienta.
3. Vierta la mezcla en la corteza de la tarta.
4. Espolvorear el queso por encima.
5. Presiona el aire crujiente.
6. Ponerlo a 320 grados F.
7. Cocinar de 12 a 15 minutos.

Sugerencias para servir: Espolvorear con cebolletas picadas antes de servir.

Consejos de preparación y cocción: También puedes utilizar masa de tarta casera si lo deseas.

Burrito de desayuno

Tiempo de preparación: 5 minutos
Tiempo de cocción: 5 minutos
Raciones: 2

Ingredientes:

- 2 huevos cocidos revueltos
- ½ taza de queso cheddar rallado
- ½ taza de tocino, cocido crujiente y desmenuzado
- 2 tortillas

Método:

1. Combine los huevos, el queso y el tocino en un bol.
2. Cubrir las tortillas con la mezcla.
3. Enrolla las tortillas.
4. Añade estos a la unidad.
5. Seleccione el aire crujiente.
6. Ponerlo a 250 grados F.
7. Cocer durante 5 minutos.

Sugerencias para servir: Servir con salsa picante.

Consejos de preparación y cocción: También puedes congelar el burrito y freírlo al aire cuando lo vayas a servir.

Tostada de aguacate

Tiempo de preparación: 5 minutos
Tiempo de cocción: 3 minutos
Porciones: 1

Ingredientes:

- 1 aguacate, triturado
- 1 diente de ajo picado
- 1 cucharadita de zumo de limón
- Sal al gusto
- 2 rebanadas de pan
- ¼ de taza de tomate picado

Método:

1. Mezclar el aguacate, el ajo, el zumo de limón, la sal y la pimienta.
2. Extender la mezcla sobre las rebanadas de pan.
3. Espolvorear el tomate por encima.
4. Añada a la rejilla de la parrilla.
5. Pulse el ajuste de la parrilla.
6. Asar a 350 grados F durante 2 o 3 minutos.

Sugerencias para servir: Espolvorear con pimienta antes de servir.

Consejos de preparación y cocción: Utilice zumo de limón recién exprimido.

Panqueque de suero de leche

Tiempo de preparación: 10 minutos
Tiempo de cocción: 10 minutos
Porciones: 12

Ingredientes:

- 2 tazas de harina común
- 2 cucharaditas de polvo de hornear
- 2 cucharadas de azúcar
- Pizca de sal
- 2 huevos batidos
- ¼ de taza de leche
- 2 tazas de suero de leche
- ¼ de mantequilla derretida

Método:

1. Combinar la harina, la levadura en polvo, el azúcar y la sal.
2. Incorporar los huevos y el resto de los ingredientes.
3. Rocíe la bandeja de la freidora de aire con aceite.
4. Vierta la masa en la bandeja.
5. Seleccione el aire crujiente.
6. Cocine a 320 grados F durante 5 minutos.
7. Dale la vuelta y cocina otros 5 minutos.

Sugerencias para servir: Cubrir con nata montada.

Consejos de preparación y cocción: Dar la vuelta cuando aparezcan burbujas en la superficie de la masa.

Huevos al horno con queso

Tiempo de preparación: 5 minutos
Tiempo de cocción: 5 minutos
Porciones: 1

Ingredientes:

- 2 huevos batidos
- 2 cucharadas de crema de leche
- 2 cucharadas de queso cheddar rallado
- 1 cucharadita de queso parmesano rallado
- Sal y pimienta al gusto

Método:

1. Batir los huevos y la nata en un bol.
2. Incorporar el resto de los ingredientes.
3. Vierta la mezcla en una cazuela.
4. Añade el ramekin a la unidad.
5. Elija el ajuste de aire fresco.
6. Cocine a 330 grados F durante 5 minutos.

Sugerencias para servir: Adornar con perejil picado.

Consejos de preparación y cocción: También puedes añadir hierbas a la mezcla de huevos.

Hamburguesas de salchicha

Tiempo de preparación: 5 minutos
Tiempo de cocción: 10 minutos
Raciones: 6-8

Ingredientes:

- 1 paquete de hamburguesas de salchicha

Método:

1. Añada las hamburguesas de salchicha a la bandeja de la freidora.
2. Seleccione el aire crujiente.
3. Póngalo a 400 grados F.
4. Cocinar durante 5 minutos por cada lado.

Sugerencias para servir: Servir con papas fritas.

Consejos de preparación y cocción: También puedes hacer tus propias hamburguesas de salchicha si las prefieres caseras.

Capítulo 3: Recetas con carne de vacuno

Filete a la parrilla con espárragos

Tiempo de preparación: 10 minutos
Tiempo de cocción: 20 minutos
Porciones: 5

Ingredientes:

- 4 filetes de tira
- 3 cucharadas de aceite vegetal, divididas
- Sal y pimienta al gusto
- 2 tazas de espárragos, recortados y cortados en rodajas

Método:

1. Seleccione el ajuste de la parrilla.
2. Elige "carne".
3. Precaliente la unidad pulsando "start".
4. Unte los filetes con la mitad del aceite.
5. Sazonar con sal y pimienta.
6. Cubrir los espárragos con el aceite restante.
7. Espolvorear con sal y pimienta.
8. Añade el filete a la parrilla.
9. Cocinar de 7 a 10 minutos por lado.
10. Pasar a un plato.
11. Añade los espárragos a la unidad.
12. Seleccione la parrilla. Póngalo en alto.
13. Servir los filetes con espárragos.

Sugerencias para servir: Cubrir los filetes con un cubo de mantequilla.

Consejos de preparación y cocción: Dejar reposar los filetes durante 10 minutos antes de cortarlos.

Hamburguesa con queso

Tiempo de preparación: 15 minutos

Tiempo de cocción: 15 minutos

Porciones: 6

Ingredientes:

- 2 ¼ lb. de carne picada
- 1 cebolla picada
- 1 diente de ajo picado
- Sal y pimienta al gusto
- 6 rebanadas de queso
- 6 panes de hamburguesa

Método:

1. Combine la carne picada, la cebolla, el ajo, la sal y la pimienta.
2. Mezclar bien.
3. Formar 6 hamburguesas con la mezcla.
4. Pulse el ajuste de la parrilla en su unidad.
5. Escoge lo más alto.
6. Seleccione la carne de vacuno.
7. Pulse el botón de inicio para precalentar.
8. Tras el precalentamiento, añada las hamburguesas al aparato.
9. Cocine hasta que el aparato emita un pitido.
10. Retirar las hamburguesas.
11. Añadir a los bollos y cubrir con queso.

Sugerencias para servir: Servir con los condimentos deseados.

Consejos de preparación y cocción: Utilice carne molida 80 por ciento magra.

Filete a la parrilla y ensalada

Tiempo de preparación: 10 minutos
Tiempo de cocción: 10 minutos
Porciones: 4

Ingredientes:

- 4 filetes
- Sal y pimienta al gusto
- 4 tazas de lechuga picada
- 1 taza de tomate picado
- 1 taza de pepino picado
- Aderezo de vinagreta

Método:

1. Pulse el ajuste en su unidad.
2. Póngalo en alto.
3. Precalentar durante 8 minutos.
4. Sazone los filetes con sal y pimienta.
5. Añade los filetes a la parrilla.
6. Cocinar de 4 a 5 minutos por lado.
7. En un bol, mezcle la lechuga, el tomate y el pepino con el aderezo.
8. Servir el filete con ensalada.

Sugerencias para servir: Dejar reposar el filete durante 5 minutos antes de cortarlo y servirlo.

Consejos de preparación y cocción: Utilice lechuga romana para la ensalada.

Asado de olla

Tiempo de preparación: 20 minutos
Tiempo de cocción: 3 horas y 20 minutos
Porciones: 6

Ingredientes:

Condimento

- 2 cucharaditas de hojas de tomillo secas
- 1 cucharadita de cebolla en polvo
- 1 cucharadita de ajo en polvo
- Sal y pimienta al gusto
- ½ cucharadita de copos de pimienta roja

Asado de olla

- 1 cucharada de aceite de aguacate
- 4 libras de asado de ternera
- 1 cebolla, cortada en rodajas
- 4 tazas de caldo de carne
- ¼ de taza de harina

Método:

1. Mezclar los ingredientes del condimento en un plato.
2. Cubrir el asado de ternera con el aceite.
3. Espolvorear con el condimento por todos los lados.
4. Precaliente su unidad.
5. Presione la parrilla y póngala a 500 grados F.
6. Después de 5 minutos, añada el asado de ternera a la unidad.
7. Cocinar durante 5 minutos por cada lado.
8. Colocar el asado en una bandeja de horno.
9. Vierta el caldo y añada las cebollas.

10. Elija el ajuste de asado.

11. Asar a 250 grados durante 3 horas, dándole la vuelta cada hora.

12. Pasar el líquido de cocción a una sartén a fuego medio.

13. Incorporar la harina.

14. Cocer a fuego lento durante 10 minutos o hasta que la salsa haya espesado.

Sugerencias para servir: Rociar o servir con salsa.

Consejos de preparación y cocción: Utilice patatas doradas.

Filete y patatas

Tiempo de preparación: 15 minutos
Tiempo de cocción: 45 minutos
Porciones: 4

Ingredientes:

- 4 patatas
- ¼ de taza de aceite de aguacate
- Sal al gusto
- 2 filetes
- 2 cucharadas de condimento para carne

Método:

1. Pinchar las patatas con un tenedor.
2. Frotar con el aceite y sazonar con sal.
3. Añadir a la bandeja de la freidora.
4. Seleccione el aire crujiente.
5. Cocinar a 400 grados F durante 35 minutos o hasta que estén tiernos.
6. Pasar a un plato y cubrir con papel de aluminio.
7. Añada la rejilla a la unidad.
8. Precalentar a 500 grados F durante 10 minutos.
9. Espolvorear los filetes de carne con el condimento para carne.
10. Pulse el ajuste de la parrilla.
11. Cocinar de 4 a 5 minutos por lado.
12. Servir los filetes con patatas.

Sugerencias para servir: Dejar reposar 5 minutos antes de servir.

Consejos de preparación y cocción: Utilice filetes de solomillo para esta receta.

Costillas de ternera a la barbacoa

Tiempo de preparación: 20 minutos
Tiempo de cocción: 3 horas y 15 minutos
Raciones: 2

Ingredientes:

- 2 costillas de ternera
- ¾ de taza de caldo de carne
- ¼ de taza de vino tinto
- ¼ de taza de cebolla picada
- ½ taza de salsa barbacoa

Mezcla de especias

- 1 cucharadita de ajo en polvo
- 1 cucharadita de cebolla en polvo
- 1 cucharada de almidón de maíz
- Sal y pimienta al gusto

Método:

1. Mezclar los ingredientes de la mezcla de especias en un bol.
2. Sazone las costillas de ternera con esta mezcla.
3. Añade las costillas de ternera a una pequeña bandeja para hornear.
4. Vierta el caldo y el vino.
5. Espolvorear con cebolla.
6. Elija el ajuste de asado.
7. Asar a 250 grados durante 3 horas.
8. Añada la salsa barbacoa al líquido de cocción.

Sugerencias para servir: Adornar con cebollas picadas.

Consejos de preparación y cocción: Utilice caldo de carne bajo en sodio.

Albóndigas italianas

Tiempo de preparación: 20 minutos
Tiempo de cocción: 20 minutos
Porciones: 6

Ingredientes:

- 1 libra de carne picada
- 1 libra de carne de cerdo molida
- ½ cebolla picada
- 3 dientes de ajo picados
- ¼ de taza de perejil picado
- ½ taza de leche
- 2 huevos batidos
- 1 cucharadita de condimento de hierbas italianas secas
- 2 cucharadas de queso parmesano rallado
- Sal y pimienta al gusto

Método:

1. Mezclar todos los ingredientes en un bol grande.
2. Formar albóndigas con la mezcla.
3. Añade las albóndigas a la unidad.
4. Seleccione el aire crujiente.
5. Freír al aire libre a 425 grados F durante 20 minutos, removiendo una o dos veces.

Sugerencias para servir: Servir con pasta o arroz integral.

Consejos de preparación y cocción: Utilice carne picada magra de vacuno y carne picada magra de cerdo.

Carne asada con chimichurri

Tiempo de preparación: 10 minutos
Tiempo de cocción: 30 minutos
Porciones: 6

Ingredientes:

- 2 libras de carne asada
- 2 cucharadas de aceite de oliva
- Sal y pimienta al gusto

Chimichurri

- ¼ de taza de aceite de oliva
- ½ taza de cilantro
- ½ taza de perejil
- 2 cucharadas de orégano fresco, en rodajas
- ¼ de vinagre de vino tinto
- 2 dientes de ajo picados
- Sal y pimienta al gusto

Método:

1. Precaliente su unidad pulsando air crisp.
2. Presiona el botón de inicio.
3. Precalentar durante 4 minutos.
4. Unte la carne asada con aceite.
5. Sazonar con sal y pimienta.
6. Seleccione la función de asado.
7. Cocine a 250 grados F durante 3 horas.
8. Añadir todos los ingredientes a un procesador de alimentos.
9. Pulse hasta que esté suave.
10. Servir la carne asada con chimichurri.

Sugerencias para servir: Dejar reposar los filetes durante 5 minutos antes de servirlos.

Consejos de preparación y cocción: También se puede cubrir la carne asada con un cubo de mantequilla.

Bistec al ajo con crema de rábano picante

Tiempo de preparación: 10 minutos
Tiempo de cocción: 15 minutos
Raciones: 2

Ingredientes:

- 2 filetes de solomillo
- 2 cucharadas de mantequilla derretida
- 2 dientes de ajo picados
- Sal y pimienta al gusto

Rábano picante cremoso

- 2 cucharadas de rábano picante
- 1 taza de crema agria
- 1 cucharadita de eneldo
- Sal y pimienta al gusto

Método:

1. Precaliente su unidad a 400 grados F durante 5 minutos.
2. Frote la mantequilla por todo el solomillo de ternera.
3. Espolvorear con ajo, sal y pimienta.
4. Fría al aire libre durante 6 minutos por lado.
5. Mezclar los ingredientes del rábano picante en un bol.
6. Servir los filetes con el rábano picante.

Sugerencias para servir: Dejar reposar el filete durante 5 minutos antes de servirlo.

Consejos de preparación y cocción: Utilice crema agria baja en grasa.

Bistec con costra de parmesano

Tiempo de preparación: 5 minutos
Tiempo de cocción: 10 minutos
Porciones: 4

Ingredientes:

- 2 lb. de bistec de falda
- 2 cucharadas de aceite de oliva
- 3 cucharadas de queso parmesano rallado
- Sal y pimienta al gusto

Método:

1. Precaliente su unidad a 400 grados F durante 5 minutos.
2. Unte el filete con aceite.
3. Espolvorear con queso, sal y pimienta.
4. Seleccione la función de aire crispado.

Cocine a 400 grados F durante 6 minutos por lado.

Sugerencias para servir: Servir con zanahorias asadas o puré de patatas.

Consejos de preparación y cocción: Dejar reposar el filete a temperatura ambiente durante 30 minutos antes de sazonarlo.

Capítulo 4: Recetas con carne de cerdo

Filete de cerdo a la parrilla con verduras

Tiempo de preparación: 3 horas y 20 minutos
Tiempo de cocción: 30 minutos
Porciones: 4

Ingredientes:

- 3 cucharadas de vinagre balsámico
- 1 diente de ajo picado
- 6 oz. de pesto
- Sal y pimienta al gusto
- 2 filetes de lomo de cerdo
- 2 cucharadas de aceite vegetal
- 1 cebolla picada
- 1 pimiento picado
- 1 calabaza, cortada en rodajas
- 1 calabacín, cortado en rodajas

Método:

1. En una bandeja para hornear, mezcle el vinagre, el ajo, el pesto, la sal y la pimienta.
2. Añade la carne de cerdo.
3. Cubrir con la salsa.
4. Tapar y refrigerar durante 3 horas.
5. Seleccione la función de parrilla.
6. Poner la temperatura a media.
7. Elige la carne de cerdo.
8. Presiona el botón de inicio.
9. En otro recipiente, mezcle el resto de los ingredientes.
10. Sazonar con sal y pimienta.
11. Añade las verduras y la carne de cerdo a la rejilla de la parrilla.

12. Cocine hasta que el aparato emita un pitido para indicar que está hecho.
13. Servir la carne de cerdo con verduras.

Sugerencias para servir: Servir con los condimentos deseados.

Consejos de preparación y cocción: También puedes utilizar otras verduras como patatas o zanahorias.

Chuletas de cerdo fritas y patatas

Tiempo de preparación: 20 minutos
Tiempo de cocción: 30 minutos
Porciones: 4

Ingredientes:

- 1 cebolla, cortada en rodajas
- 1 cucharadita de ajo picado
- 1 ½ lb. de patatas pequeñas, cortadas en rodajas
- 1 cucharada de romero fresco picado
- Sal y pimienta al gusto
- 3 cucharadas de miel
- 2 cucharadas de mostaza
- 1 taza de pan rallado
- 4 chuletas de cerdo

Método:

1. Mezcle la cebolla, el ajo, las patatas, el romero, la sal y la pimienta en un bol.
2. En otro bol, mezclar la miel y la mostaza.
3. Unte la mezcla de miel en ambos lados del cerdo.
4. Pasar por el pan rallado.
5. Añada la carne de cerdo a la cesta de la freidora.
6. Seleccione el aire crujiente.
7. Póngalo a 390 grados F.
8. Ajústalo a 30 minutos.
9. Presiona el botón de inicio.
10. Después de 10 minutos, añade la mezcla de patatas a la cesta.
11. Después de 10 minutos, añade la carne de cerdo sobre las patatas.
12. Cocine durante otros 10 minutos, dándole la vuelta una vez.

Sugerencias para servir: Adornar con trozos de limón.

Consejos de preparación y cocción: Las chuletas de cerdo deben tener al menos ½ pulgada de grosor.

Sándwich de cerdo

Tiempo de preparación: 5 horas y 30 minutos
Tiempo de cocción: 21 minutos
Porciones: 4

Ingredientes:

Marinado

- 1 cucharadita de cebolla en polvo
- 1 diente de ajo picado
- 1 cucharada de cilantro fresco picado
- 2 cucharadas de salsa de soja
- 2 cucharadas de zumo de lima
- 2 cucharaditas de comino
- 1 ½ tazas de zumo de naranja
- Sal y pimienta al gusto

Difundir

- ¼ de taza de mayonesa
- ¼ de taza de crema agria
- 1 cucharadita de comino
- 1 cucharada de zumo de lima

Sándwich

- 2 filetes de cerdo
- 3 pimientos morrones, cortados en tiras y asados
- 8 rebanadas de pan francés

Método:

1. Combine los ingredientes de la marinada en un bol.
2. Añadir los filetes de cerdo al bol.

3. Tapar y refrigerar durante 5 horas.
4. Colar y desechar la marinada.
5. Añada la carne de cerdo a la rejilla de la parrilla.
6. Coloque la unidad en la parrilla.
7. Elija la configuración alta.
8. Ajuste el tiempo a 11 minutos.
9. Presiona el botón de inicio.
10. Mezclar los ingredientes de la pasta para untar en un bol.
11. Unte la mezcla en las rebanadas de pan francés.
12. Añade la carne de cerdo al pan junto con el pimiento rojo.
13. Asar el sándwich durante 10 minutos.

Sugerencias para servir: Servir con pico de gallo.

Consejos de preparación y cocción: Para esta receta también se puede utilizar lomo de cerdo.

Lomo de cerdo envuelto en tocino

Tiempo de preparación: 10 minutos
Tiempo de cocción: 12 minutos
Porciones: 4

Ingredientes:

- 8 rebanadas de tocino
- 4 filetes de lomo de cerdo
- 2 cucharadas de aceite vegetal
- Sal y pimienta al gusto

Método:

1. Envuelve el lomo de cerdo con 2 lonchas de bacon.
2. Asegurar con palillos de dientes.
3. Untar todos los lados con aceite.
4. Sazonar con sal y pimienta.
5. Seleccione la función de parrilla.
6. Elija la configuración alta.
7. Ajústalo a 12 minutos.
8. Presiona el botón de inicio.
9. Después de precalentar el aparato, añada la carne de cerdo a la rejilla.
10. Cocinar durante 6 minutos por lado.

Sugerencias para servir: Dejar reposar 10 minutos antes de servir.

Consejos de preparación y cocción: Esta receta también se puede utilizar para el solomillo de ternera.

Salchichas y pimientos

Tiempo de preparación: 10 minutos
Tiempo de cocción: 18 minutos
Porciones: 6

Ingredientes:

- 1 cebolla blanca, cortada en aros
- 2 pimientos morrones, cortados en rodajas
- 2 cucharadas de aceite vegetal, divididas
- Sal y pimienta al gusto
- 6 salchichas
- 6 panecillos para perritos calientes

Método:

1. Precaliente el aparato pulsando el grill.
2. Póngalo en bajo.
3. Ajústalo a 26 minutos.
4. Presiona el botón de inicio.
5. Cubrir la cebolla y los pimientos con aceite.
6. Sazonar con sal y pimienta.
7. Después de que el aparato emita un pitido, añada la cebolla y el pimiento a la rejilla.
8. Cocer durante 12 minutos.
9. Pasar a un plato.
10. Añade las salchichas a la parrilla.
11. Cocer durante 6 minutos.
12. Añade las salchichas a los panecillos para perritos calientes.
13. Cubrir con la mezcla de cebolla y pimiento.

Sugerencias para servir: Servir con ketchup, mayonesa y salsa picante.

Consejos de preparación y cocción: Utilice panes de trigo integral para perritos calientes.

Jamón glaseado con miel

Tiempo de preparación: 10 minutos
Tiempo de cocción: 50 minutos
Porciones: 6

Ingredientes:

- 1 taza de azúcar moreno
- 1 taza de miel
- 2 libras de jamón cocido

Método:

1. Añadir el azúcar y la miel a una sartén a fuego medio-bajo.
2. Cocer a fuego lento durante 10 minutos.
3. Cubrir el jamón con la mitad de la salsa.
4. Coloque el jamón dentro de la unidad.
5. Póngalo al aire.
6. Cocine a 310 grados F durante 20 minutos.
7. Untar con el resto de la salsa.
8. Cocer durante otros 20 minutos.

Sugerencias para servir: Dejar enfriar antes de cortar y servir.

Consejos de preparación y cocción: También se puede utilizar jarabe de arce en lugar de miel.

Bratwursts

Tiempo de preparación: 12 minutos
Tiempo de cocción: 12 minutos
Porciones: 4

Ingredientes:

- 1 paquete de bratwursts

Método:

1. Precaliente su unidad a 350 grados F durante 5 minutos.
2. Añade los bratwursts a la bandeja de crujientes de aire.
3. Póngalo al aire.
4. Cocinar durante 10 minutos, dando la vuelta una vez.

Sugerencias para servir: Servir con pan o ensalada.

Consejos de preparación y cocción: Utilice un termómetro de carne para saber si la salchicha está completamente hecha.

Chuletas de cerdo albaricoque

Tiempo de preparación: 10 minutos
Tiempo de cocción: 10 minutos
Raciones: 2

Ingredientes:

- 2 chuletas de cerdo
- Sal y pimienta al gusto
- ½ taza de mermelada de albaricoque
- ¼ de taza de agua
- 1 cucharada de aceite de oliva
- 1 diente de ajo picado
- 1 cucharadita de salsa de soja

Método:

1. Sazone las chuletas de cerdo con sal y pimienta.
2. Seleccione el aire crujiente.
3. Precaliéntelo a 320 grados F durante 10 minutos.
4. Añade las chuletas de cerdo a la bandeja de crujientes de aire.
5. Cocinar durante 5 minutos por cada lado.
6. En una sartén a fuego medio, cocine a fuego lento el resto de los ingredientes.
7. Vierta la salsa sobre las chuletas de cerdo y sirva.

Sugerencias para servir: Servir con arroz o ensalada.

Consejos de preparación y cocción: Aplastar la carne de cerdo con un mazo de carne antes de sazonar.

Chuletas de cerdo empanadas

Tiempo de preparación: 10 minutos
Tiempo de cocción: 12 minutos
Porciones: 4

Ingredientes:

- 4 chuletas de cerdo
- Sal y pimienta al gusto
- 1 huevo batido
- 1 taza de pan rallado
- 2 cucharaditas de pimentón dulce
- 1 cucharadita de cebolla en polvo
- 1 cucharadita de ajo en polvo
- 1 cucharadita de chile en polvo

Método:

1. Sazone las chuletas de cerdo con sal y pimienta.
2. Sumergir las chuletas de cerdo en el huevo.
3. En un bol, mezclar el pan rallado y las especias.
4. Pasar las chuletas de cerdo por la mezcla de pan rallado.
5. Seleccione el aire crujiente en su unidad.
6. Precaliente el aparato durante 5 minutos.
7. Añade las chuletas de cerdo a la bandeja de crujientes de aire.
8. Cocine a 360 grados F durante 6 minutos por lado.

Sugerencias para servir: Servir con ensalada verde fresca o zanahorias asadas.

Consejos de preparación y cocción: Utilice chuletas de cerdo con hueso para esta receta.

Lomo de cerdo

Tiempo de preparación: 3 horas y 15 minutos
Tiempo de cocción: 20 minutos
Porciones: 4

Ingredientes:

- 1 diente de ajo picado
- 1 cucharadita de jengibre rallado
- 1 cucharada de vinagre de arroz
- 2 cucharadas de salsa de soja
- 1 cucharada de aceite vegetal
- 1 cucharada de jerez seco
- 1 cucharada de azúcar moreno
- Sal y pimienta al gusto
- 1 libra de lomo de cerdo

Método:

1. Mezclar todos los ingredientes, excepto la carne de cerdo, en un bol.
2. Una vez que esté completamente combinada, añada la carne de cerdo.
3. Cubrir uniformemente con la salsa.
4. Tapar y dejar marinar durante 3 horas en la nevera.
5. Elija la función de aire crujiente.
6. Freír al aire a 400 grados F durante 20 minutos, removiendo una o dos veces.

Sugerencias para servir: Dejar reposar 5 minutos antes de cortar y servir.

Consejos de preparación y cocción: También se puede marinar durante la noche.

Capítulo 5: Recetas de pollo

Pollo a la mostaza con miel

Tiempo de preparación: 5 minutos
Tiempo de cocción: 30 minutos
Porciones: 6

Ingredientes:

- 6 filetes de pechuga de pollo
- 3 cucharadas de aceite vegetal
- Sal y pimienta al gusto
- 1 taza de salsa de miel y mostaza
- 1 taza de salsa barbacoa

Método:

1. Poner la unidad en la parrilla.
2. Elija la temperatura media.
3. Ajústalo a 30 minutos.
4. Pulse el botón de inicio para precalentar.
5. Mientras se precalienta, unte ambos lados de la pechuga de pollo con aceite.
6. Sazonar con sal y pimienta.
7. Después de 10 minutos, agregue el pollo a la rejilla.
8. Cocinar durante 10 minutos, dando la vuelta una vez.
9. En un bol, mezclar la salsa de mostaza y miel y la salsa barbacoa.
10. Unte el pollo con la salsa.
11. Cocer durante otros 10 minutos.

Sugerencias para servir: Dejar reposar la pechuga de pollo durante 5 minutos antes de servirla.

Consejos de preparación y cocción: Para esta receta también se puede utilizar filete de muslo.

Pollo frito con rancho picante

Tiempo de preparación: 1 hora y 20 minutos
Tiempo de cocción: 20 minutos
Porciones: 4

Ingredientes:

- ½ taza de salsa búfalo
- ½ taza de condimento ranchero
- 4 tazas de suero de leche
- 2 muslos de pollo
- 2 filetes de pechuga de pollo
- 2 tazas de harina común
- Spray de cocina

Método:

1. Mezcle la salsa búfalo y el condimento ranchero en un bol.
2. Verter en una bolsa de plástico con cierre.
3. Añadir suero de leche a la bolsa.
4. Colocar el pollo dentro de la bolsa.
5. Dejar marinar en la nevera durante 1 hora.
6. Retirar de la marinada.
7. Pasar el pollo por harina.
8. Rociar con aceite.
9. Seleccione el aire crujiente en su unidad.
10. Póngalo a 360 grados F y precaliéntelo durante 10 minutos.
11. Añada el pollo a la cesta de crujientes de aire.
12. Cocinar durante 20 minutos, dándole la vuelta una vez.

Sugerencias para servir: Servir con aderezo ranchero.

Consejos de preparación y cocción: Para esta receta también se pueden utilizar otras partes del pollo.

Pollo a la mostaza con limón

Tiempo de preparación: 15 minutos
Tiempo de cocción: 30 minutos
Porciones: 6

Ingredientes:

- 2 cucharadas de zumo de limón
- ¼ de taza de aceite vegetal
- ½ taza de mostaza de Dijon
- 1 cucharada de orégano seco
- 3 cucharaditas de condimento italiano seco
- Sal y pimienta al gusto
- 6 muslos de pollo

Método:

1. Combine todos los ingredientes, excepto el pollo, en un bol.
2. Mezclar bien.
3. Unte ambos lados del pollo con la mezcla.
4. Añade el pollo a la unidad.
5. Elija el ajuste de asado.
6. Poner la temperatura a 350 grados F.
7. Selecciona el pollo.
8. Presiona el botón de inicio.
9. Transfiera el pollo a un plato después de que el aparato emita un pitido.

Sugerencias para servir: Servir con ensalada verde fresca.

Consejos de preparación y cocción: Para esta receta también se puede utilizar 1 pollo entero.

Pollo asado a las hierbas

Tiempo de preparación: 20 minutos
Tiempo de cocción: 5 horas
Porciones: 4

Ingredientes:

- 1 pollo entero
- 5 dientes de ajo machacados
- 1 cucharada de aceite de canola
- ¼ de taza de zumo de limón
- ¼ de taza de miel
- 5 ramitas de tomillo picado
- 2 cucharadas de sal
- 1 cucharada de pimienta

Método:

1. Añadir el ajo dentro de la cavidad del pollo.
2. Unte todos los lados del pollo con la mezcla de aceite, zumo de limón y miel.
3. Espolvorear con tomillo, sal y pimienta.
4. Colóquelo dentro de la unidad.
5. Elige el asado.
6. Cocine a 250 grados F durante 5 horas.

Sugerencias para servir: Servir con verduras asadas.

Consejos de preparación y cocción: Para esta receta también se puede utilizar pavo.

Pollo Teriyaki

Tiempo de preparación: 10 minutos
Tiempo de cocción: 30 minutos
Raciones: 2

Ingredientes:

- 2 filetes de pechuga de pollo, cortados en tiras
- Sal y pimienta al gusto
- Spray de cocina
- ¼ de taza de salsa teriyaki

Método:

1. Sazone las tiras de pollo con sal y pimienta.
2. Rociar con aceite.
3. Añada las tiras de pollo a la rejilla de la parrilla.
4. Seleccione el ajuste de la parrilla.
5. Escoge lo más alto.
6. Cocinar durante 5 minutos por cada lado.
7. Unte el pollo con la salsa teriyaki.
8. Cocine durante otros 10 minutos, dándole la vuelta una vez.

Sugerencias para servir: Adornar con cebollas picadas y semillas de sésamo.

Consejos de preparación y cocción: Utilice salsa teriyaki baja en sodio.

Pollo Cajún

Tiempo de preparación: 20 minutos
Tiempo de cocción: 20 minutos
Porciones: 6

Ingredientes:

- 6 muslos de pollo
- Aceite de oliva

Condimento

- 1 cucharadita de cebolla en polvo
- 1 cucharadita de pimentón
- ½ cucharadita de tomillo seco
- ½ cucharadita de albahaca seca
- ½ cucharadita de orégano seco
- ½ cucharadita de ajo en polvo
- ½ cucharadita de pimienta de cayena
- Sal y pimienta al gusto

Método:

1. Combine los ingredientes del condimento en un bol.
2. Unte el pollo con aceite.
3. Espolvorear ambos lados con el condimento.
4. Añade a la cesta del aire fresco.
5. Seleccione el ajuste de aire crujiente.
6. Poner a 400 grados F.
7. Cocinar durante 10 minutos por cada lado.

Sugerencias para servir: Adornar con cilantro fresco.

Consejos de preparación y cocción: También se puede rociar el pollo con aceite en lugar de pincelarlo con aceite de oliva.

Pollo al pimentón

Tiempo de preparación: 10 minutos
Tiempo de cocción: 30 minutos
Porciones: 6

Ingredientes:

- 2 libras de alitas de pollo
- 2 cucharadas de aceite de oliva
- 1 cucharada de pimentón ahumado
- 1 cucharadita de ajo en polvo
- Sal y pimienta al gusto

Método:

1. Cubrir las alas de pollo con aceite.
2. Espolvorear con pimentón, ajo en polvo, sal y pimienta.
3. Añade las alitas de pollo a la bandeja de crujientes de aire.
4. Seleccione el aire crujiente.
5. Cocinar a 400 grados durante 15 minutos por lado.

Sugerencias para servir: Servir con salsa picante.

Consejos de preparación y cocción: También se puede marinar el pollo durante 30 minutos antes de freírlo al aire.

Pollo relleno de hierbas y queso crema

Tiempo de preparación: 15 minutos
Tiempo de cocción: 15 minutos
Raciones: 2

Ingredientes:

- 2 filetes de pechuga de pollo
- Aceite de oliva
- 2 cucharaditas de condimento italiano seco
- Sal y pimienta al gusto
- 4 oz. de queso crema de ajo y hierbas

Método:

1. Unte el pollo con aceite.
2. Espolvorear con condimento italiano, sal y pimienta.
3. Cubrir con queso crema de ajo y hierbas.
4. Enrolla el pollo.
5. Colóquelo en la bandeja para el aire.
6. Fría al aire a 370 grados F durante 7 minutos por lado.

Sugerencias para servir: Servir con ensalada verde fresca.

Consejos de preparación y cocción: También puedes congelar el pollo relleno y freírlo al aire cuando lo vayas a servir.

Pollo con miel y Sriracha

Tiempo de preparación: 20 minutos
Tiempo de cocción: 15 minutos
Porciones: 4

Ingredientes:

- 2 lb. de filetes de pollo
- 2 cucharadas de aceite de oliva
- Sal y pimienta al gusto

Salsa sriracha con miel

- ½ taza de miel
- 2 cucharaditas de sriracha
- 1 cucharada de ajo en polvo
- 2 cucharadas de salsa de soja
- 2 cucharaditas de maicena

Método:

1. Unte el pollo con aceite.
2. Sazonar con sal y pimienta.
3. Colóquelo en el interior de la unidad, en la cesta de aire comprimido.
4. Seleccione el ajuste de aire crujiente.
5. Fría al aire a 370 grados F durante 5 minutos por lado.
6. Mezcle los ingredientes de la salsa en un bol.
7. Sumergir el pollo en la salsa.
8. Vuelva a colocar el pollo en la bandeja de crujientes de aire.
9. Cocinar a 400 grados F durante 5 minutos.

Sugerencias para servir: Adornar con cebollino picado.

Consejos de preparación y cocción: Para esta receta también se pueden utilizar tiras de pechuga de pollo.

Pollo a la barbacoa

Tiempo de preparación: 10 minutos
Tiempo de cocción: 30 minutos
Porciones: 4

Ingredientes:

- 4 filetes de pechuga de pollo
- 2 cucharadas de aceite
- Sal y pimienta al gusto
- 1 taza de salsa barbacoa

Método:

1. Elija el ajuste de la parrilla.
2. Poner la temperatura a media.
3. Ajústalo a 30 minutos.
4. Pulse el botón de inicio para precalentar.
5. Unte la pechuga de pollo con aceite.
6. Sazonar con sal y pimienta.
7. Después de 5 minutos, agregue el pollo a la rejilla.
8. Cocine el pollo durante 10 minutos por cada lado.
9. Sumerja el pollo en la salsa barbacoa y cocine durante otros 5 minutos.

Sugerencias para servir: Servir con la salsa barbacoa restante.

Consejos de preparación y cocción: También se puede servir con otras verduras a la parrilla.

Capítulo 6: Recetas de pescado y marisco

Mahi & Salsa

Tiempo de preparación: 15 minutos
Tiempo de cocción: 12 minutos
Porciones: 4

Ingredientes:

- 4 filetes de dorada
- 4 cucharadas de aceite vegetal
- Sal y pimienta al gusto

Hilvanado

- ¼ de taza de miel
- 3 cucharadas de zumo de lima
- 2 cucharadas de condimento criollo
- 1 cucharada de cilantro picado

Salsa

- 1 cucharadita de comino
- ¼ de taza de zumo de lima
- 1 cucharada de cilantro picado
- 1 taza de trozos de piña
- 1 pimiento rojo picado
- 1 cebolla picada
- 1 chile jalapeño picado

Método:

1. Cubrir el pescado con aceite.
2. Sazonar con sal y pimienta.
3. En un cuenco, mezcle los ingredientes para el hilvanado.

4. Poner la unidad en la parrilla.
5. Poner la temperatura al máximo y el tiempo a 15 minutos.
6. Presiona el botón de inicio.
7. Después de que la unidad emita un pitido, añada el pescado a la parrilla.
8. Unte la parte superior con la salsa de hilvanado.
9. Cocer durante 6 minutos.
10. Dale la vuelta y unta el otro lado con la salsa.
11. Cocer durante otros 6 minutos.
12. En otro recipiente, mezcle los ingredientes de la salsa.
13. Servir el pescado con salsa.

Sugerencias para servir: Adornar con rodajas de pepino y tomate.

Consejos de preparación y cocción: También puedes asar los aros de piña y cortarlos en rodajas para utilizarlos en la salsa.

Tacos de camarones

Tiempo de preparación: 20 minutos
Tiempo de cocción: 5 minutos
Porciones: 6

Ingredientes:

- 1 libra de camarones, pelados y desvenados
- 2 cucharadas de aceite vegetal
- 2 cucharadas de condimento cajún
- Sal y pimienta al gusto
- 6 tortillas de maíz

Recubrimientos

- Pico de gallo
- Aguacate, en rodajas
- Col, rallada
- Gajos de lima

Método:

1. Seleccione el ajuste de la parrilla.
2. Ajuste la temperatura al máximo.
3. Introduzca 3 minutos.
4. Pulse el botón de inicio para precalentar.
5. Cubrir las gambas con aceite.
6. Condimentar con el condimento cajún, la sal y la pimienta.
7. Después de que la unidad emita un pitido, añada las gambas a la rejilla.
8. Seleccione la parrilla.
9. Elija una temperatura alta.
10. Ajuste el tiempo a 2 minutos.
11. Cubre las tortillas con los ingredientes y los camarones asados.
12. Enrollar y servir.

Sugerencias para servir: Espolvorear con cilantro picado.

Consejos de preparación y cocción: Puedes utilizar gambas congeladas para esta receta, pero prolonga el tiempo de cocción un minuto más.

Salmón con limón y eneldo

Tiempo de preparación: 15 minutos
Tiempo de cocción: 20 minutos
Porciones: 6

Ingredientes:

- 6 filetes de salmón
- 1 cucharada de aceite vegetal
- Sal y pimienta al gusto
- ¼ de taza de mayonesa
- 2 cucharadas de mostaza de Dijon
- 4 cucharadas de zumo de limón
- 2 cucharadas de eneldo picado
- 4 cucharaditas de ajo picado

Método:

1. Elija la configuración de la parrilla en su unidad.
2. Ajuste la temperatura al máximo.
3. Seleccione el pescado.
4. Pulse el botón de inicio para precalentar.
5. Unte ambos lados del salmón con aceite.
6. Sazonar con sal y pimienta.
7. Añada el salmón a la rejilla de la parrilla.
8. En un bol, mezclar el resto de los ingredientes.
9. Pincelar la mezcla en la parte superior del salmón.
10. Cubrir con rodajas de limón.
11. Cierre la unidad.
12. Espere a que emita un pitido para indicar que la cocción ha finalizado.

Sugerencias para servir: Dejar reposar 3 minutos antes de servir.

Consejos de preparación y cocción: Para esta receta también se puede utilizar filete de pescado blanco.

Pescado a la mostaza con limón

Tiempo de preparación: 10 minutos
Tiempo de cocción: 10 minutos
Raciones: 2

Ingredientes:

- 2 cucharadas de zumo de limón
- 1 cucharada de mostaza de Dijon
- 2 cucharadas de aceite de oliva
- 2 dientes de ajo picados
- ½ cucharadita de tomillo molido
- Sal y pimienta al gusto
- 2 filetes de pescado

Método:

1. Combine todos los ingredientes en un bol.
2. Unte la mezcla en la parte superior del pescado.
3. Añada el salmón a la bandeja de crujientes de aire.
4. Seleccione el aire crujiente en su unidad.
5. Fría al aire a 400 grados F durante 7 a 10 minutos.

Sugerencias para servir: Adornar con trozos de limón.

Consejos de preparación y cocción: Puedes utilizar pescado congelado para esta receta, pero asegúrate de descongelarlo primero antes de sazonarlo y freírlo al aire.

Gambas Bang

Tiempo de preparación: 10 minutos
Tiempo de cocción: 10 minutos
Porciones: 4

Ingredientes:

- 1 libra de gambas grandes, peladas y desvenadas
- ¼ de taza de harina
- 2 huevos batidos
- 2 tazas de pan rallado

Salsa

- ¼ de taza de mayonesa
- 2 cucharadas de salsa de chile dulce
- 2 cucharaditas de salsa sriracha
- 1 cucharada de miel
- 1 cucharadita de vinagre de arroz

Método:

1. Pasar las gambas por harina.
2. Pasar por huevo y luego pasar por pan rallado.
3. Seleccione el ajuste de aire crujiente.
4. Precalentar a 250 grados F durante 7 minutos.
5. Añade las gambas empanadas a la bandeja de crujientes de aire.
6. Cocine a 350 grados F durante 5 minutos por lado.
7. Mezclar los ingredientes de la salsa.
8. Servir las gambas con la salsa.

Sugerencias para servir: Espolvorear con cebollino picado antes de servir.

Consejos de preparación y cocción: También puedes mojar las gambas en la salsa justo antes de servirlas.

Almejas fritas

Tiempo de preparación: 5 minutos
Tiempo de cocción: 5 minutos
Porciones: 4

Ingredientes:

- 1 paquete de almejas congeladas

Método:

1. Precaliente su unidad a 400 grados F durante 5 minutos.
2. Añade las almejas a la bandeja de crujientes de aire.
3. Cocer durante 5 minutos.
4. Compruebe si están hechas. Si no es así, cocine durante otros 3 a 5 minutos.

Sugerencias para servir: Adornar con trozos de limón.

Consejos de preparación y cocción: Si lo desea, puede condimentar las almejas con hierbas secas.

Tempura de gambas

Tiempo de preparación: 5 minutos
Tiempo de cocción: 10 minutos
Porciones: 6

Ingredientes:

- 1 paquete de gambas congeladas en tempura

Método:

1. Precaliente la freidora de aire a 390 grados F durante 5 minutos.
2. Disponga la tempura congelada en una sola capa en su cesta de aire crujiente.
3. Cocinar las gambas durante 5 minutos por cada lado.

Sugerencias para servir: Servir con mirin o salsa de soja.

Consejos de preparación y cocción: Asegúrese de que no hay gambas superpuestas.

Gambas al ajo y mantequilla

Tiempo de preparación: 10 minutos
Tiempo de cocción: 5 minutos
Porciones: 4

Ingredientes:

Salsa de mantequilla de ajo

- 2 dientes de ajo picados
- ½ taza de mantequilla derretida
- 1 cucharadita de perejil seco
- Sal y pimienta al gusto

Camarones

- 1 libra de camarones, pelados y desvenados

Método:

1. Combine los ingredientes de la salsa de mantequilla de ajo en un bol.
2. Rebozar las gambas con esta mezcla.
3. Añadir a la bandeja de crujientes de aire.
4. Póngalo al aire.
5. Fría al aire a 400 grados F durante 5 minutos.

Sugerencias para servir: Espolvorear con cebollino picado.

Consejos de preparación y cocción: También puede servir los camarones con la salsa de mantequilla de ajo restante.

Filete de pez espada con salsa

Tiempo de preparación: 10 minutos
Tiempo de cocción: 10 minutos
Porciones: 4

Ingredientes:

- 4 filetes de pez espada
- 1 cucharada de aceite vegetal
- Sal y pimienta al gusto

Salsa

- 1 cebolla picada
- 2 mangos, cortados en dados
- ½ taza de cilantro picado
- 2 cucharadas de zumo de lima

Método:

1. Unte el pescado con aceite.
2. Sazonar ambos lados con sal y pimienta.
3. Marinar durante 5 minutos.
4. Colóquelo en la bandeja de crujientes de aire.
5. Seleccione el aire crujiente.
6. Cocine a 400 grados F durante 5 minutos por lado.
7. Mezcle los ingredientes de la salsa en un bol.

Cubra el pescado con la salsa y sirva.

Sugerencias para servir: Espolvorear cilantro picado por encima.

Consejos de preparación y cocción: Utilice zumo de lima recién exprimido.

Hamburguesa de atún

Tiempo de preparación: 10 minutos
Tiempo de cocción: 10 minutos
Porciones: 4

Ingredientes:

- Spray de cocina

Hamburguesas de atún

- 6 oz. de copos de atún
- 1 cucharada de zumo de limón
- 1 cucharadita de ralladura de limón
- 1 cucharadita de mostaza de Dijon
- 1 huevo batido
- 1 cucharada de condimento italiano
- ½ taza de pan rallado

Hamburguesa

- 4 panes de hamburguesa
- Hojas de lechuga
- 1 tomate en rodajas

Método:

1. Mezclar los ingredientes de la hamburguesa de atún en un bol.
2. Formar 4 hamburguesas con la mezcla.
3. Rocíe las hamburguesas con aceite.
4. Colóquelos en la bandeja de crujientes de aire.
5. Elija el ajuste de aire fresco.
6. Fría al aire libre a 360 grados F durante 5 minutos por lado.
7. Servir en panes de hamburguesa con tomate y lechuga.

Sugerencias para servir: Servir con los condimentos deseados.

Consejos de preparación y cocción: También puedes hacer las hamburguesas con antelación, congelarlas y freírlas al aire libre cuando vayas a servirlas.

Capítulo 7: Recetas de verduras

Calabaza glaseada con arce

Tiempo de preparación: 10 minutos
Tiempo de cocción: 40 minutos
Porciones: 8

Ingredientes:

- 2 calabazas, cortadas en rodajas
- 1 cucharada de aceite vegetal
- Sal y pimienta al gusto
- 2 cucharadas de mantequilla
- 4 cucharadas de jarabe de arce
- 4 cucharadas de azúcar moreno

Método:

1. Cubrir la calabaza con aceite.
2. Sazonar con sal y pimienta.
3. Seleccione el ajuste de tueste.
4. Póngalo a 375 grados F durante 45 minutos.
5. Pulse el botón de inicio para precalentar.
6. Después de que el aparato emita un pitido, añada la calabaza a la rejilla de la parrilla.
7. Cocer la calabaza durante 20 minutos.
8. Mientras espera, combine el resto de los ingredientes.
9. Mojar la calabaza en la salsa y volver a la parrilla.
10. Cocer durante otros 15 minutos.
11. Dar la vuelta y cocinar durante 5 minutos más.

Sugerencias para servir: Adornar con tomillo fresco picado.

Consejos de preparación y cocción: Esta receta también se puede utilizar para las zanahorias.

Panes planos vegetarianos

Tiempo de preparación: 30 minutos
Tiempo de cocción: 10 minutos
Porciones: 6

Ingredientes:

- 1 cucharadita de aceite de oliva
- 1 libra de masa de pizza
- 1 cucharada de aceite de oliva
- ¼ de taza de calabacín, cortado en rodajas finas
- ¼ de taza de calabaza, cortada en rodajas finas
- 1 cucharadita de ajo picado
- ½ taza de queso parmesano rallado
- ½ cucharadita de copos de pimienta roja

Método:

1. Cubrir la masa con 1 cucharadita de aceite de oliva.
2. Dejar reposar a temperatura ambiente durante 15 minutos.
3. Seleccione el ajuste de la parrilla.
4. Ponerlo a tope durante 10 minutos.
5. Pulse el botón de inicio para precalentar.
6. Añade la masa de pizza a la rejilla de la parrilla.
7. Cocer durante 3 minutos.
8. Dar la vuelta y cocinar durante 1 minuto más.
9. Saque el pan plano de la unidad.
10. Untar la parte superior con el aceite de oliva restante.
11. Añadir el resto de los ingredientes por encima.
12. Colóquelo dentro de la unidad.
13. Cocer durante 5 minutos.
14. Dejar enfriar, cortar en rodajas y servir.

Sugerencias para servir: Adornar con albahaca fresca.

Consejos de preparación y cocción: Para esta receta también se puede utilizar masa de pizza.

Maíz mexicano

Tiempo de preparación: 15 minutos
Tiempo de cocción: 12 minutos
Porciones: 6

Ingredientes:

- 6 mazorcas de maíz
- 3 cucharadas de aceite de canola
- Sal y pimienta al gusto
- 1 ¼ tazas de queso Cotija desmenuzado
- 2 cucharaditas de cebolla en polvo
- 2 cucharaditas de ajo en polvo
- ½ taza de crema agria
- ½ taza de mayonesa
- 2 cucharadas de zumo de lima

Método:

1. Seleccione la función de parrilla.
2. Ajuste la temperatura al máximo.
3. Ajústalo a 12 minutos.
4. Pulse el botón de inicio para precalentar.
5. Unte las mazorcas de maíz con aceite.
6. Espolvorear todos los lados con sal y pimienta.
7. Colóquelas en la parrilla y cocínelas durante 6 minutos por lado.
8. Mezclar el resto de los ingredientes en un bol.
9. Cubrir el maíz con la mezcla y servir.

Sugerencias para servir: Adornar con cilantro fresco.

Consejos de preparación y cocción: Utilice crema agria baja en grasa.

Patatas asadas y espárragos

Tiempo de preparación: 10 minutos
Tiempo de cocción: 10 minutos
Porciones: 4

Ingredientes:

- 1 libra de espárragos, recortados y cortados en rodajas
- 1 cucharada de aceite de oliva
- 2 tallos de cebollas, picados
- 4 patatas, cortadas en dados y hervidas
- 1 cucharadita de eneldo seco
- Sal y pimienta al gusto

Método:

1. Cubrir los espárragos con aceite.
2. Espolvorear con cebolletas.
3. Colocar en la bandeja de la freidora.
4. Seleccione el aire crujiente.
5. Cocine a 350 grados F durante 5 minutos.
6. Pasar a un bol.
7. Incorporar el resto de los ingredientes.

Sugerencias para servir: Adornar con trozos de limón.

Consejos de preparación y cocción: Para esta receta también se puede utilizar eneldo fresco picado.

Coles de Bruselas al limón

Tiempo de preparación: 10 minutos
Tiempo de cocción: 10 minutos
Porciones: 4

Ingredientes:

- 1 libra de coles de Bruselas, en rodajas
- cucharadas de aceite de oliva
- 2 cucharaditas de condimento de pimienta de limón
- Sal al gusto

Método:

1. Cubrir las coles de Bruselas con aceite.
2. Condimentar con el condimento de pimienta de limón y la sal.
3. Extiéndalos en la bandeja de crujientes de aire.
4. Seleccione el ajuste de asado.
5. Cocine a 350 grados F durante 5 minutos.

Sugerencias para servir: Servir con salsa a base de mayonesa.

Consejos de preparación y cocción: Para esta receta también se puede utilizar coliflor.

Tomates asados al balsámico con hierbas

Tiempo de preparación: 5 minutos
Tiempo de cocción: 5 minutos
Porciones: 4

Ingredientes:

- 1 libra de tomates, cortados en cuartos
- ½ taza de vinagre balsámico
- 1 cucharadita de condimento italiano

Método:

1. Mezclar los tomates con el vinagre balsámico.
2. Espolvorear con el condimento italiano.
3. Añadir a la bandeja de crujientes de aire.
4. Seleccione el aire crujiente.
5. Cocine a 350 grados F durante 5 minutos.

Sugerencias para servir: Espolvorear con hierbas picadas.

Consejos de preparación y cocción: También puede incorporar rodajas de pepino a la mezcla después de freírla al aire.

Calabaza con tomillo y salvia

Tiempo de preparación: 10 minutos
Tiempo de cocción: 15 minutos
Porciones: 4

Ingredientes:

- 2 libras de calabaza, cortada en cubos
- 1 cucharada de aceite de oliva
- Sal al gusto
- 1 cucharadita de tomillo fresco picado
- 1 cucharada de salvia fresca picada

Método:

1. Precaliente su freidora de aire a 390 grados F.
2. Cubrir los cubos de calabaza con aceite.
3. Condimentar con sal, pimienta, tomillo y salvia.
4. Añadir a la bandeja de crujientes de aire.
5. Cocer durante 10 minutos.
6. Dale la vuelta y cocina otros 5 minutos.

Sugerencias para servir: Espolvorear con pimienta.

Consejos de preparación y cocción: Compruebe si la calabaza está lo suficientemente tierna. Si no es así, cocine unos minutos más.

Zanahorias con ajo

Tiempo de preparación: 10 minutos
Tiempo de cocción: 10 minutos
Porciones: 4

Ingredientes:

- 1 libra de zanahorias, cortadas en dados
- 2 cucharadas de aceite de oliva
- 2 cucharaditas de ajo en polvo
- Sal y pimienta al gusto

Método:

1. Mezclar los cubos de zanahoria con aceite de oliva.
2. Condimentar con ajo en polvo, sal y pimienta.
3. Abríguese uniformemente.
4. Extienda las zanahorias en la bandeja de crujientes de aire.
5. Cocine a 390 grados F durante 10 minutos, revolviendo una vez.

Sugerencias para servir: Espolvorear con perejil picado.

Consejos de preparación y cocción: También puedes utilizar ajo picado en lugar de ajo en polvo.

Buñuelos de calabacín

Tiempo de preparación: 10 minutos
Tiempo de cocción: 7 minutos
Raciones: 2

Ingredientes:

- 2 tazas de calabacín rallado
- 1 diente de ajo picado
- 1 huevo batido
- ¼ de taza de queso parmesano rallado
- ½ taza de pan rallado
- Sal y pimienta al gusto
- Spray de cocina

Método:

1. Combine los ingredientes en un bol.
2. Formar hamburguesas con la mezcla.
3. Añádelas a la bandeja de crujientes de aire.
4. Rociar con aceite.
5. Seleccione el aire crujiente.
6. Cocine a 390 grados F durante 7 minutos.

Sugerencias para servir: Adornar con perejil picado.

Preparación y consejos de cocina: Añadir el pan rallado en último lugar en la mezcla.

Coliflor de búfalo

Tiempo de preparación: 15 minutos
Tiempo de cocción: 15 minutos
Porciones: 4

Ingredientes:

- 4 tazas de floretes de coliflor
- ½ taza de salsa búfalo
- 2 cucharadas de aceite de oliva
- Sal al gusto
- 1 cucharadita de ajo en polvo

Método:

1. Cubrir la coliflor con salsa de búfalo y aceite de oliva.
2. Condimentar con sal y ajo en polvo.
3. Extiéndalo en la bandeja de aire crujiente.
4. Elija el ajuste de aire fresco.
5. Cocine a 375 grados F durante 15 minutos, revolviendo dos veces.

Sugerencias para servir: Servir con salsa búfalo adicional.

Consejos de preparación y cocción: También se puede rociar con salsa picante.

Capítulo 8: Recetas de aperitivos y tentempiés

Copas de tacos

Tiempo de preparación: 20 minutos
Tiempo de cocción: 10 minutos
Porciones: 8

Ingredientes:

- 12 envoltorios de wonton
- 1 libra de carne molida, cocida
- ½ taza de tomates picados
- 2 cucharadas de condimento para tacos
- 1 taza de queso cheddar rallado

Método:

1. Presione los envoltorios en las tazas de un molde para muffins.
2. Colocar dentro de la unidad.
3. Fría al aire a 400 grados F durante 5 minutos.
4. Sácalo de la unidad.
5. Cubrir con la carne picada y los tomates.
6. Espolvorear con el condimento para tacos y el queso.
7. Freír al aire libre durante otros 5 minutos.

Sugerencias para servir: Servir con guacamole, salsa y crema agria.

Consejos de preparación y cocción: Utilice carne picada magra.

Buñuelos de maíz

Tiempo de preparación: 10 minutos
Tiempo de cocción: 8 minutos
Porciones: 6

Ingredientes:

- ½ taza de harina común
- 1 ½ taza de granos de maíz
- 1 cucharadita de azúcar
- ¼ de taza de leche
- 1 huevo batido
- 2 tallos de cebolla de verdeo, picados
- ½ taza de queso cheddar rallado
- Sal y pimienta al gusto
- Spray de cocina

Método:

1. Combine todos los ingredientes en un bol.
2. Deje caer de 2 a 3 cucharadas de la mezcla en la bandeja de crujientes de aire.
3. Rociar con aceite.
4. Seleccione la función de aire crispado.
5. Fría al aire a 350 grados F durante 3 minutos.
6. Dar la vuelta y freír al aire durante otros 5 minutos.

Sugerencias para servir: Servir con crema agria.

Consejos de preparación y cocción: Para esta receta también se puede utilizar leche de almendras.

Pan de ajo

Tiempo de preparación: 10 minutos
Tiempo de cocción: 5 minutos
Porciones: 4

Ingredientes:

- 4 dientes de ajo asado, picados
- ½ taza de mantequilla derretida
- 1 cucharada de perejil fresco picado
- 1 barra de pan italiano
- Sal al gusto

Método:

1. Mezclar el ajo, la mantequilla y el perejil en un bol.
2. Extender la mezcla sobre las rebanadas de pan.
3. Coloque el pan dentro de la unidad.
4. Elija el ajuste de aire fresco.
5. Cocinar a 400 grados F durante 3 minutos.

Sugerencias para servir: Dejar enfriar durante 2 minutos antes de servir.

Consejos de preparación y cocción: Para esta receta también se puede utilizar pan francés.

Pizza de Pepperoni

Tiempo de preparación: 15 minutos
Tiempo de cocción: 7 minutos
Porciones: 6

Ingredientes:

- 1 libra de masa de pizza
- Spray de cocina
- 1 taza de salsa para pizza
- ½ taza de queso mozzarella
- ¼ de taza de rodajas de pepperoni

Método:

1. Rocíe la masa con aceite.
2. Amasar de 5 a 10 minutos.
3. Pasar el rodillo a un molde pequeño para pizza.
4. Extender la salsa de la pizza por encima.
5. Espolvoree el queso y cubra con rodajas de salchichón.
6. Añade el molde para pizza a la unidad.
7. Seleccione el ajuste de aire crujiente.
8. Fría al aire a 375 grados F durante 7 minutos.

Sugerencias para servir: Adornar con hierbas.

Consejos de preparación y cocción: También puedes utilizar masa de pizza congelada para reducir el tiempo de preparación.

Tartas de queso de cabra con tomate

Tiempo de preparación: 10 minutos
Tiempo de cocción: 8 minutos
Porciones: 8

Ingredientes:

- Spray de cocina
- 1 cucharada de miel
- 1 cucharadita de condimento italiano seco
- ½ taza de queso de cabra desmenuzado
- 1 paquete de medias lunas
- 2 tomates picados
- 2 cucharadas de aceite de oliva

Método:

1. Rocíe su molde para panecillos con aceite.
2. En un bol, mezclar la miel, el condimento italiano y el queso de cabra.
3. Cortar la masa en 8 porciones.
4. Presione la masa en los moldes de su molde para magdalenas.
5. Cubrir los tomates con aceite.
6. Colocar los tomates encima de la masa.
7. Cubrir con la mezcla de queso de cabra.
8. Colocar dentro de la unidad.
9. Póngalo a hornear.
10. Cocine a 330 grados F durante 8 minutos.

Sugerencias para servir: Espolvorear con hierbas por encima.

Consejos de preparación y cocción: Prolongar el tiempo de cocción hasta que la corteza esté dorada.

Bocados de mozzarella

Tiempo de preparación: 20 minutos
Tiempo de cocción: 8 minutos
Porciones: 12

Ingredientes:

- 12 tiras de mozzarella
- ¼ de taza de mantequilla derretida
- 1 taza de pan rallado

Método:

1. Mojar las tiras de mozzarella en la mantequilla.
2. Pasar por el pan rallado.
3. Añade las tiras de mozzarella a la bandeja de crujientes de aire.
4. Seleccione el ajuste de aire crujiente.
5. Cocine a 320 grados F durante 8 minutos, volteando una vez.

Sugerencias para servir: Servir con salsa marinera.

Consejos de preparación y cocción: También puedes hacer los bocados de mozzarella con antelación y congelarlos. Fría al aire libre cuando esté listo para servir.

Garbanzos picantes

Tiempo de preparación: 5 minutos
Tiempo de cocción: 10 minutos
Porciones: 4

Ingredientes:

- 15 oz. de garbanzos enlatados, enjuagados y escurridos
- 1 cucharada de aceite de oliva
- 1 cucharadita de chile en polvo
- 1 cucharadita de comino molido
- ½ cucharadita de pimienta de cayena
- Sal al gusto

Método:

1. Cubrir los garbanzos con aceite.
2. Condimentar con chile en polvo, comino, pimienta de cayena y sal.
3. Añadir a la bandeja de crujientes de aire.
4. Presione la función de aire crujiente.
5. Cocine a 390 grados F durante 10 minutos, revolviendo una o dos veces.

Sugerencias para servir: Dejar enfriar antes de servir o guardar.

Consejos de preparación y cocción: No abarrotar la bandeja de crujientes de aire.

Pizza Naan

Tiempo de preparación: 5 minutos
Tiempo de cocción: 5 minutos
Porciones: 1

Ingredientes:

- Spray de cocina
- 1 pan naan
- ¼ de taza de pesto
- ½ taza de espinacas baby, cocidas
- ½ taza de tomates cherry, cortados por la mitad
- 1 taza de queso mozzarella

Método:

1. Rocíe la bandeja de crujientes de aire con aceite.
2. Untar el pan naan con pesto.
3. Cubrir con espinacas y tomates.
4. Espolvorear el queso por encima.
5. Añade la pizza de naan a la bandeja de crujientes de aire.
6. Elija el ajuste de aire fresco.
7. Cocine a 350 grados F durante 7 minutos.

Sugerencias para servir: Adornar con hierbas frescas.

Consejos de preparación y cocción: También puedes utilizar salsa de pizza en lugar de pesto si lo deseas.

Patatas fritas con queso y chile

Tiempo de preparación: 5 minutos
Tiempo de cocción: 14 minutos
Porciones: 6

Ingredientes:

- 1 paquete de patatas fritas congeladas
- Sal y pimienta al gusto
- 15 oz. de chile
- ½ taza de queso rallado

Método:

1. Añade las patatas fritas a la bandeja de crujientes de aire.
2. Seleccione el ajuste de aire crujiente.
3. Poner la temperatura a 400 grados.
4. Ajuste el tiempo a 15 minutos.
5. Dar la vuelta a las patatas fritas a mitad de la cocción.
6. En una sartén a fuego medio, añade el chile y el queso.
7. Repartir la mezcla sobre las patatas fritas.

Sugerencias para servir: Cubrir con crema agria antes de servir.

Consejos de preparación y cocción: Para esta receta también se pueden utilizar patatas fritas caseras.

Rondas de patatas al horno

Tiempo de preparación: 10 minutos
Tiempo de cocción: 18 minutos
Porciones: 8

Ingredientes:

- 2 patatas grandes, cortadas en rodajas gruesas
- Spray de cocina
- Sal y pimienta al gusto
- 1 taza de queso rallado
- 4 lonchas de bacon, cocidas y desmenuzadas

Método:

1. Añade las patatas a la bandeja de crujientes de aire.
2. Rocíe la parte superior con aceite.
3. Espolvorear con sal y pimienta.
4. Seleccione el ajuste de aire crujiente.
5. Fría las patatas en el aire a 370 grados F durante 7 a 8 minutos por lado.
6. Retire de la unidad.
7. Cubrir cada patata con queso y trocitos de bacon.
8. Fría al aire libre durante otros 2 minutos o hasta que el queso se haya derretido.

Sugerencias para servir: Servir con crema agria.

Consejos de preparación y cocción: Utilice patatas Russet.

Capítulo 9: Recetas de postres

Tarta de manzana

Tiempo de preparación: 20 minutos
Tiempo de cocción: 12 minutos
Porciones: 8

Ingredientes:

- 8 cucharaditas de azúcar moreno
- 4 cucharadas de azúcar granulado
- 2 cucharaditas de canela molida
- 1 ½ cucharaditas de zumo de limón
- 4 manzanas, cortadas en rodajas finas
- Pizca de sal
- 1 paquete de masa de galletas
- Spray de cocina

Método:

1. Mezclar los azúcares y la canela en un bol.
2. Tome 1 ½ cucharadas de esta mezcla y pásela a otro bol.
3. Añada el zumo de limón, las manzanas y la sal.
4. Mezclar hasta que esté completamente combinado.
5. Extiende la masa y sepárala en trozos más pequeños.
6. Cubrir cada pieza con la mezcla de manzana.
7. Cubra con otra pieza y presione los bordes para sellarlos.
8. Añada a la rejilla de la parrilla.
9. Elija el ajuste de la parrilla.
10. Póngalo en bajo.
11. Ajuste el tiempo a 9 minutos.
12. Pulse el botón de inicio para precalentar.
13. Asar durante 6 minutos por lado.

Sugerencias para servir: Servir con helado de vainilla.

Consejos de preparación y cocción: Utilice la masa de galletas ya hecha

Tarta de manzana

Tiempo de preparación: 15 minutos
Tiempo de cocción: 20 minutos
Porciones: 6

Ingredientes:

- 1 taza de azúcar moreno
- 3 huevos batidos
- 1 taza de manzanas, cortadas en dados
- 1 taza de harina de uso general
- Spray de cocina

Método:

1. Mezclar los huevos y el azúcar en un bol.
2. Incorporar la harina y mezclar bien.
3. Incorporar las manzanas.
4. Rocíe el molde de la tarta con aceite.
5. Vierta la mezcla en el molde para tartas.
6. Colóquelo dentro de la unidad.
7. Póngalo a hornear.
8. Cocine a 320 grados F durante 15 a 20 minutos.

Sugerencias para servir: Rociar con jarabe de arce.

Consejos de preparación y cocción: Prolongar el tiempo de cocción si el pastel no está totalmente cocido.

Tarta de mantequilla

Tiempo de preparación: 10 minutos
Tiempo de cocción: 12 minutos
Porciones: 6

Ingredientes:

- 14 oz. de mantequilla de galleta
- 3 huevos batidos
- ¼ de taza de azúcar granulado
- Spray de cocina

Método:

1. Caliente la mantequilla de galletas en el microondas durante 90 segundos, removiendo cada 30 segundos.
2. En un bol, añadir la mantequilla de galleta, los huevos y el azúcar.
3. Rocíe un molde pequeño para hornear con aceite.
4. Vierta la masa en el molde para hornear.
5. Fría al aire a 320 grados F durante 10 minutos.

Sugerencias para servir: Dejar enfriar antes de cortar y servir.

Consejos de preparación y cocción: Prolongar el tiempo de cocción si no está totalmente hecho.

Galletas de chocolate

Tiempo de preparación: 5 minutos
Tiempo de cocción: 15 minutos
Porciones: 12

Ingredientes:

- 15 oz. de mezcla de pastel amarillo
- ¼ de taza de mantequilla derretida
- 2 huevos batidos
- 1 taza de chispas de chocolate

Método:

1. Combine todos los ingredientes en un bol.
2. Formar galletas con la mezcla.
3. Añade las galletas a la bandeja de aire crujiente.
4. Seleccione la función de horneado.
5. Hornee a 330 grados F durante 15 minutos.

Sugerencias para servir: Dejar enfriar antes de servir.

Consejos de preparación y cocción: Utilice chips de chocolate semidulce.

Blondies

Tiempo de preparación: 15 minutos
Tiempo de cocción: 15 minutos
Porciones: 4

Ingredientes:

- Spray de cocina
- 6 cucharadas de mantequilla derretida
- 2 yemas de huevo
- 1 taza de azúcar moreno
- Sal al gusto
- 1 cucharadita de extracto de vainilla
- 1 cucharadita de polvo de hornear
- 1 taza de harina de uso general
- 1 taza de chispas de caramelo
- ½ taza de nueces, picadas

Método:

1. Rocíe un molde pequeño para hornear con aceite.
2. En un bol, mezclar la mantequilla, las yemas de huevo, el azúcar moreno, la sal y la vainilla.
3. Incorporar la levadura en polvo y la harina.
4. Incorporar la harina y la levadura en polvo.
5. Verter en la sartén.
6. Coloque la olla dentro de la unidad.
7. Seleccione la función de horneado.
8. Hornee a 320 grados F durante 15 a 20 minutos.

Sugerencias para servir: Dejar enfriar antes de cortar y servir.

Preparación y consejos de cocina: Introduzca un palillo en el blondie. Si sale limpio, significa que el blondie está completamente cocido.

Capítulo 10: Plan de comidas de 30 días

Día 1

Desayuno: Tater Tot Egg Bake

Comida: Filete a la parrilla con espárragos

Cena: Mahi& Salsa

Día 2

El desayuno: Tarta de desayuno

Almuerzo: Hamburguesa con queso

Cena: Tacos de camarones

Día 3

Desayuno: Palitos de tostadas francesas

Almuerzo: Filete a la parrilla y ensalada

Cena: Salmón con limón y eneldo

Día 4

Desayuno: Cazuela de desayuno

Almuerzo: Asado de carne

Cena: Pescado a la mostaza con limón

Día 5

El desayuno: Quiche

Almuerzo: Filete y patatas

Cena: Camarones Bang

Día 6

El desayuno: Burrito de desayuno

Almuerzo: Costillas de ternera a la barbacoa

Cena: Almejas fritas

Día 7

Desayuno: Tostada de aguacate

Almuerzo: Albóndigas italianas

Cena: Tempura de camarones

Día 8

Desayuno: Panqueque de suero de leche

Almuerzo: Carne asada con chimichurri

Cena: Camarones a la mantequilla de ajo

Día 9

Desayuno: Huevos al horno con queso

Almuerzo: Bistec al ajo con crema de rábano picante

Cena: Filete de pez espada con salsa

Día 10

Desayuno: Empanadas de salchicha

Almuerzo: Bistec con costra de parmesano

Cena: Hamburguesa de atún

Día 11

Desayuno: Tater Tot Egg Bake

Comida: Filete de cerdo a la parrilla con verduras

Cena: Calabaza glaseada con arce

Día 12

El desayuno: Tarta de desayuno

Comida: Chuletas de cerdo fritas y patatas

Cena: Pan plano de verduras

Día 13

Desayuno: Palitos de tostadas francesas

Almuerzo: Sándwich de cerdo

Cena: Maíz mexicano

Día 14

Desayuno: Cazuela de desayuno

Almuerzo: Lomo de cerdo envuelto en tocino

Cena: Patatas asadas y espárragos

Día 15

El desayuno: Quiche

Almuerzo: Salchichas y Pimientos

Cena: Coles de Bruselas al limón

Día 16

El desayuno: Burrito de desayuno

Almuerzo: Jamón glaseado con miel

Cena: Tomates asados al balsámico con hierbas

Día 17

Desayuno: Tostada de aguacate

Almuerzo: Bratwursts

Cena: Calabaza con tomillo y salvia

Día 18

Desayuno: Panqueque de suero de leche

Comida: Chuletas de cerdo albaricoque

Cena: Zanahorias al ajo

Día 19

Desayuno: Huevos al horno con queso

Almuerzo: Chuletas de cerdo empanadas

Cena: Buñuelos de calabacín

Día 20

Desayuno: Empanadas de salchicha

Almuerzo: Lomo de cerdo

Cena: Coliflor de búfalo

Día 21

Desayuno: Tater Tot Egg Bake

Almuerzo: Pollo a la mostaza con miel

Cena: Coliflor de búfalo

Día 22

El desayuno: Tarta de desayuno

Almuerzo: Pollo frito con rancho picante

Cena: Mahi & Salsa

Día 23

Desayuno: Palitos de tostadas francesas

Almuerzo: Pollo a la mostaza con limón

Cena: Buñuelos de calabacín

Día 24

Desayuno: Cazuela de desayuno

Comida: Pollo asado a las hierbas

Cena: Tacos de camarones

Día 25

El desayuno: Quiche

Almuerzo: Pollo Teriyaki

Cena: Zanahorias al ajo

Día 26

El desayuno: Burrito de desayuno

Almuerzo: Pollo Cajún

Cena: Camarones Bang

Día 27

Desayuno: Tostada de aguacate

Almuerzo: Pollo al pimentón

Cena: Calabaza con tomillo y salvia

Día 28

Desayuno: Panqueque de suero de leche

Almuerzo: Pollo relleno de hierbas y queso crema

Cena: Almejas fritas

Día 29

Desayuno: Huevos al horno con queso

Almuerzo: Pollo con miel y Sriracha

Cena: Patatas asadas y espárragos

Día 30

Desayuno: Empanadas de salchicha

Almuerzo: Pollo a la barbacoa

Cena: Filete de pez espada con salsa

Conclusión:

La emoción de poder cocinar deliciosas recetas veraniegas a la parrilla en el interior durante todo el año es algo que no podrá superar.

Pero recuerde que la planificación es la clave para aprovechar al máximo esta oportunidad de cocinar los platos tradicionales de la barbacoa con las mismas magníficas marcas de la parrilla y el inconfundible aroma veraniego, pero sin las molestias y la limpieza habituales.

Este libro que te da recetas que puedes hacer con la parrilla Ninja Foodie Smart XL es sin duda una gran ayuda.

Con esto, puedes mezclar y combinar los platos y crear tus maridajes favoritos para el resto del año.

www.ingramcontent.com/pod-product-compliance
Lightning Source LLC
Chambersburg PA
CBHW082039080526
44578CB00009B/756